Vuelo épico
El primer vuelo transcontinental del mundo sin escala sobre el Canal de Panamá

Epic Flight
The World's First Nonstop Transcontinental Flight over the Panama Canal

Pat Alvarado

Ilustraciones * Illustrations
John A. Hernández

Aprobado por el Ministerio de Educación de Panamá
Approved by Panamá's Ministry of Education

972.87
  Al76a Alvarado, Patricia V.
            Vuelo épico = Epic Flight : el primer vuelo transcontinental
      del mundo sin escala = The World's First Nonstop Transcontinental
      Flight / Patricia V. Alvarado; ilustración de John A. Hernández. –
      Panamá : Piggy Press.
            46p. ; 26 cm.

            ISBN 978-9962-690-34-4 (tapa dura)
            ISBN 978-9962-690-33-7 (tapa suave)

      1. PANAMÁ – HISTORIA   2. LITERATURA INFANTIL
      I. Título.

Piggy Press Books
info@piggypress.com
www.piggypress.com

Dedicado a los intrépidos aviadores del mundo.

Dedicated to the daring aviators of the world.

PVA

EL ISTMO DE PANAMÁ recorre dos continentes, separa dos océanos, y su ubicación geográfica ofrece un clima tropical con dos estaciones - caliente y seca de enero a abril y cálida y lluviosa de abril a diciembre. Y fue un día caluroso y húmedo de abril en el año 1913, cuando nuestra historia se desarrolla. Nubes de cúmulo se cernían sobre el puerto de Balboa en el lado del Pacífico, y las grises y agitadas aguas del puerto amenazaban lo que iba a ser el primer vuelo aéreo del mundo de costa a costa sin escalas a través del Istmo. Esta es la historia de cómo sucedió ese vuelo.

THE ISTHMUS OF PANAMA bridges two continents, separates two oceans, and its geographical location provides a tropical climate with only two seasons – hot and dry from January to April, and hot and wet from April to December. And it was a hot and muggy April day in 1913, when our story takes place. Cumulous clouds loomed high over Balboa harbor on the Pacific side, and the grey, choppy waters of the port threatened what would turn out to be the world's first aerial flight coast to coast nonstop across the Isthmus. This is the story of how that flight happened.

Robert Grant Fowler no comenzó como aviador, sino más bien como un piloto de carreras. Fue piloto de prueba de automóviles y estableció récords de velocidad que eran difícil rivalizar al principio del siglo 20.

Aprendió a manejar a los 19 años en un Oldsmobile de un cilindro, su primer automóvil, y más tarde se convirtió en un mecánico y conductor experto, afinando sus habilidades y conocimientos de motores, propulsión y velocidad en los primeros modelos de automóviles. Durante varios años trabajó como chofer / mecánico en Europa y en los Estados Unidos, donde continuó compitiendo, y de hecho era su amor por la carrera que lo llevó a los cielos.

Robert Grant Fowler did not start out as an aviator, but rather as a race-car driver. He tested automobiles and set speed records that were hard to match for the early 20th century.

He learned to drive at 19 in a single-cylinder Oldsmobile, his first automobile, and later became a skilled mechanic and an expert driver, honing his skills and knowledge of engines, propulsion and speed in the early model automobiles. For several years he worked as a chauffeur/mechanic in Europe and in the United States, where he continued to compete, and indeed it was his love for the race that brought him to the skies.

Para 1903, el mundo se centró en el primer vuelo de los hermanos Wright en Kitty Hawk, Carolina del Norte, pero no sería hasta 1910 cuando Robert Fowler comenzaría sus experimentos propios de la aviación y experimentar la emoción y los peligros de volar.

En su primer vuelo, llegó a la increíble altura de tres metros, PERO VOLÓ!

By 1903, the world focused on the Wright Brothers' first flight at Kitty Hawk, North Carolina, but it wouldn't be until 1910 when Robert Fowler would begin his own aviation experiments and experience the thrill and the hazards of flying.

On his first flight, he reached the amazing altitude of ten feet, BUT HE FLEW!

En ese mismo año, William Randolph Hearst, magnate de periódicos, ofreció un premio de 50.000 dólares para el primer aviador que volara de costa a costa en los Estados Unidos en 30 días o menos. Fue un reto que Robert Fowler no podía dejar pasar, y con mucha planificación y más detalles imaginables, voló por los Estados Unidos en su "Cole Flyer" impulsado por un motor de 4 cilindros Wright Modelo B.

Su tiempo de vuelo era mucho más de los 30 días, voló 45 días, pero su viaje tomó casi tres veces más. Partió de San Francisco, California, el 11 de septiembre de 1911, y aterrizó en Pablo Beach, Florida, el 17 de febrero de 1912 - 121 días de principio a fin. No ganó la carrera, pero la terminó y le hizo frente al reto.

In that same year, William Randolph Hearst, newspaper giant, offered a $50,000 prize to the first aviator to fly coast-to-coast across the United States in 30 days or less. It was a challenge that Robert Fowler couldn't pass up, and with great planning and more details than imaginable, he flew across the United States in his "Cole Flyer" powered by a 4-cylinder Wright Model B engine.

His flying time was much longer than 30 days; he actually flew 45 days, but his trip almost tripled that. He took off from San Francisco, California, on September 11, 1911, and landed in Pablo Beach, Florida, on February 17, 1912 – 121 calendar days from start to finish. He didn't win the race, but he completed it and he met the challenge.

Durante los próximos meses, Fowler compitió en eventos de aviación y varias exposiciones de vuelo, trabajo agotador y a menudo peligroso y poco gratificante. Robert Fowler necesitaba otro reto, y lo encontró en otro vuelo de costa a costa, esta vez, sin parar a través del Istmo de Panamá. No era el primero en pensar en ello, pero él sería el primero en hacerlo.

Sus planes incluyeron un nuevo diseño de avión con la hélice en la parte delantera en lugar de la parte trasera - un biplano tractor de una hélice con un fuselaje cerrado diseñado específicamente por Jay Gage, un ingeniero aeronáutico. El avión fue construido en secciones para que pudiera ser fácilmente desmontado, embalado y enviado. Había un asiento de pasajero delante del piloto, y Fowler cedió ese asiento a Ray Duhem, un camarógrafo de cine quien iba a filmar el vuelo. El Canal de Panamá estaba en construcción y estarían volando sobre él!

During the next few months, Fowler competed in several aviation events and flying exhibitions, grueling and often dangerous and unfulfilling work. Robert Fowler needed another challenge, and he found it in another cross-country flight, this time, non-stop across the Isthmus of Panama. He wasn't the first to think of it, but he would be the first to do it.

His plans included a newly designed aircraft with the propeller at the front instead of the rear – a single propeller tractor biplane with an enclosed fuselage designed specifically by Jay Gage, an aeronautical engineer. The plane was built in sections so it could be easily dismantled, crated and shipped. There was a passenger seat in front of the pilot, and Fowler offered that seat to Ray Duhem, a motion picture cameraman who would film the flight. The Panama Canal was under construction and they would be flying over it!

Fowler consiguió el permiso del Departamento de Guerra de los Estados Unidos para sobrevolar la Zona del Canal, y también habló de sus planes con el coronel George C. Goethals, el comandante militar de EE.UU. en la Zona del Canal.

El coronel Goethals le dijo: "Nunca he puesto ningún obstáculo en el camino de cualquiera de los otros aviadores que lo han probado, por lo que difícilmente lo haría en su caso, además no hay nada aquí que no queremos que usted vea".

Fowler acató la palabra del coronel Goethals como un hecho y siguió abordando los problemas de transporte de su embarcación a Panamá.

Fowler secured permission from the United States War Department to fly over the Canal Zone, and also discussed his plans with Colonel George C. Goethals, the US military commander in the Canal Zone.

Colonel Goethals told him, "I have never placed any obstacles in the way of any of the other flyers who tried it, so would hardly do so in your case, besides there is nothing here we don't want you to see."

Fowler took Colonel Goethals at his word and continued to tackle the problems of transporting his craft to Panama.

Fowler, su avión, su tripulación y el camarógrafo se embarcaron en San Francisco y se dirigieron hacia el sur hasta Panamá 4828 kilómetros de distancia. El viaje duró dos semanas, y el momento en que desembarcaron la temporada de lluvias estaba cerca.

Descargaron el avión y lo re-armaron, pero se dieron cuenta que el combustible de alto grado que se había enviado se había evaporado en el viaje por lo que el Departamento de Bomberos de Panamá donó lo que necesitaban, y las cosas estaban mejorando para el vuelo, hasta que establecieron su base de operaciones en la playa de Bella Vista.

Fowler, his plane, his crew and the cameraman embarked from San Francisco and headed south to Panama 3000 miles away. The voyage lasted two weeks, and by the time they disembarked rainy season was close at hand.

They unloaded the airplane and re-assembled it, but they found out that the high-grade fuel that they had shipped had evaporated on the journey so the Panama Fire Department donated what they needed, and things were looking up for the flight, until they set up their base of operations at the bathing beach at Bella Vista.

Las mareas en el Pacífico varían hasta más de 7 metros. Y como que el avión estaba en flotadores, con marea baja el avión quedaba varado en la arena por lo que cualquier vuelo tendría que corresponder con la marea alta.

Los vuelos de prueba se iniciaron a los pocos días y la primera fue un breve giro sobre la bahía de Panamá, y todo salió bien.

Fue el segundo vuelo de prueba que trajo problemas. Los vientos soplaban a 32 kilómetros por hora y las olas de 1 metro cortaban la bahía. Fowler hizo su primer giro contra el viento a 46 metros y el motor tosió, luego el viento se calmó. Él maniobró el avión para que los flotadores podrían rozar las olas, pero la hélice golpeó el agua mojando el motor, que se paró, dejando a Fowler y Duhem flotando con el viento a sus espaldas muy cerca de algunos arrecifes de coral.

Tides on the Pacific vary up to 23 feet and since the plane was on pontoons, at low tide the plane sat beached in the sand so any flight would have to correspond with high tide.

The test flights began a few days later and the first one was a brief spin over the Bay of Panama, and all went well.

It was the second test flight that brought trouble. Winds were blowing 20 miles an hour and 3-foot waves were chopping up the bay. Fowler made his first turn into the wind at 150 feet, and the engine coughed, then the wind died. He maneuvered the plane so the pontoons could skim the waves, but the propeller hit the water, wetting the motor, which stalled, leaving Fowler and Duhem floating with the wind at their backs very close to some coral reefs.

Nunca desanimado por los desastres, Fowler rápidamente dio instrucciones a Duhem sobre cómo hacer girar una hélice para arrancar el motor. Duhem debiera bajarse del avión y subirse en un pontón y girar la hélice desde ahí, y Fowler atendería el motor. Si arrancaba, Duhem debiera saltar fuera del camino y Fowler brincaría a tomar los controles para desplazar el avión a aguas poco profundas.

Les tomó 4 intentos con el motor arrancando y parándose para acercarse lo suficiente para vadear a la costa y comenzar las reparaciones. Fue entonces cuando encontraron el tornillo suelto en el carburador - ¡el culpable de la pérdida de potencia en el despegue!

Never to be daunted by disaster, Fowler quickly instructed Duhem on how to spin a propeller to start the engine. Duhem would climb out onto a pontoon and spin the propeller from there, and Fowler would work the engine. If it started, Duhem was to leap out of the way and Fowler would jump to the controls to taxi the plane to shallow water.

It took them 4 attempts in sputtering starts and goes to get close enough to shore to wade in and begin repairs. That's when they found the loose screw on the carburetor – the culprit for the loss of power on take-off!

En la mañana del domingo, el 27 de abril de 1913, Fowler y Duhem esperaban la marea alta. Hicieron varias pruebas previas al vuelo antes del despegue.

Entonces empujaron el biplano Fowler-Gage en la resaca y tomaron al aire a las 9:45 a.m. partiendo hacia las Esclusas de Miraflores. Aunque el cielo estaba despejado, fuertes ráfagas de viento los sacudieron y Duhem tuvo problemas enfocando su cámara en el terreno. Así que decidieron ir más alto en busca de vientos más tranquilos.

On Sunday morning, April 27, 1913, Fowler and Duhem waited for high tide. They did several pre-flight checks before take-off.

Then they pushed the Fowler-Gage biplane into the surf and took to the air at 9:45 a.m. heading toward Miraflores Locks. Though the skies were clear, strong wind gusts pushed them around and Duhem had trouble focusing his camera on the ground. So they decided to go higher in search of calmer winds.

Fowler subió en círculos de hasta 610 metros y se dirigió hacia Colón en la costa atlántica.

Pronto llegaron al Corte Culebra y ascendieron a 1220 metros para presenciar un escenario de gran actividad, según Fowler, con al menos 90 taladros de vapor perforando los huecos en la roca montañosa y explosiones de dinamita cada pocos minutos.

Fowler circled up to 2000 feet and headed toward Colon on the Atlantic coast.

They soon reached Culebra Cut and ascended to 4000 feet to witness a scene of great activity, according to Fowler; with at least 90 steam drills drilling holes in the mountainous rock, and dynamite blasting every few minutes.

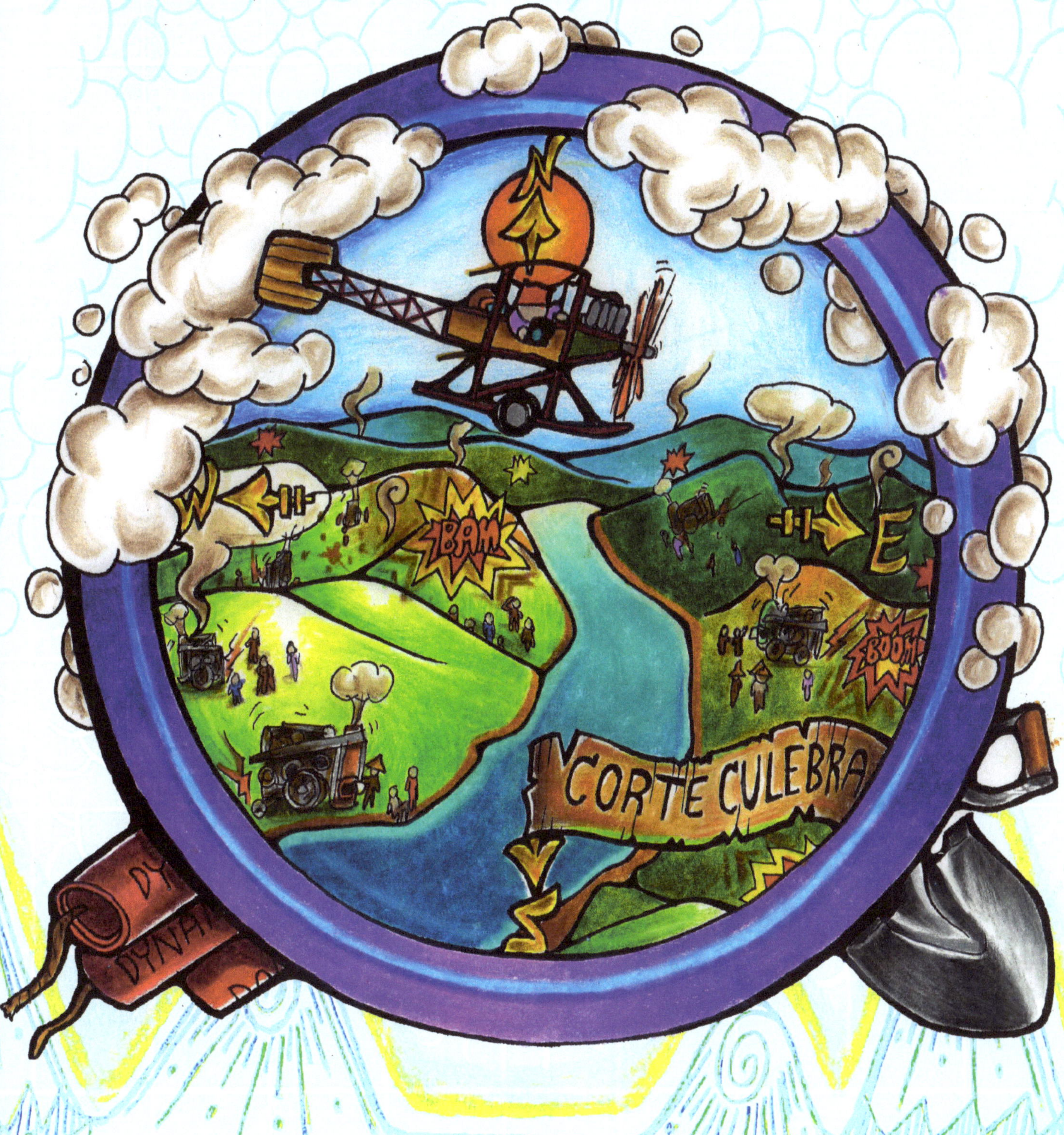
N
W
E
BAM
BOOM
CORTE CULEBRA

Volaron sobre Culebra a alrededor de 113 kilómetros por hora, cuando de repente una ráfaga de viento viró el avión y quedaron volando hacia su punto de partida. Luego se tambaleó hasta 90 metros en un vacío de aire gigante. Fowler maniobró el biplano de nuevo hacia el norte y se encontró con una tormenta justamente sobre el Lago Gatún. Para proteger la cámara, Duhem la giró hacia atrás y la enfocó en Fowler, quien sujetó la palanca de control contra su hombro mientras limpiaba los lentes de la cámara con su pañuelo.

Al disminuir la lluvia podían ver la Represa de Gatún y el vertedero y las enormes esclusas y sus vías de acceso. Luego volaron sobre la ciudad de Cristóbal, el puerto de entrada al Canal, en el camino a Colón y al final de su viaje. Cuando estaban sobre la ciudad, se quedaron sin combustible.

They flew over Culebra at about 70 miles per hour when suddenly a great wind gust blew the plane around and they were flying toward their starting point. Then they lurched downward 300 feet in a giant air pocket. Fowler maneuvered the biplane back to the north and flew smack into a rainstorm over Gatun Lake. To protect the camera, Duhem turned it around and focused it on Fowler, who then placed the control stick against his shoulder and wiped the camera lenses with his handkerchief.

As the rain subsided, they could see Gatun Dam and the Spillway and the huge locks and approaches. Next they flew over the town of Cristobal, the port of entry to the Canal, en route to Colon and the end of their journey. When they were over the city, the gas ran out.

La Bahía de Limón estaba en la distancia, pero Fowler había olvidado que tenía flotadores en lugar de ruedas y comenzó su descenso en busca de un lugar de aterrizaje adecuado.

Descendió 610 metros antes de acordarse de los flotadores. Demasiado lejos de la bahía, Fowler vio un canal dragado, pero debajo de la superficie se extendía un arrecife de coral traicionero. Fuera de opciones, el canal tendría que servir. El piloto y el camarógrafo se prepararon para el amerizaje.

Limon Bay lay in the distance, but Fowler forgot he had pontoons instead of wheels and began his descent in search of a suitable landing site.

He dropped 2000 feet before he remembered about the pontoons. Too far from the bay, Fowler spied a dredged channel, but beneath the surface stretched a treacherous coral reef. Out of options, the channel would have to do. Pilot and cameraman braced themselves for the splashdown.

A las 11:30 de la mañana, el biplano rozó la superficie del canal sin problemas pero a medida que se establecieron en el agua, el coral hizo su daño abriendo un gran agujero en uno de los flotadores. ¡Pero estaban a salvo!

Y habían hecho lo que había venido a hacer - Robert Fowler había volado el primer vuelo de costa a costa en un avión sin escalas y Ray Duhem había filmado la primera película aérea del Canal de Panamá. El vuelo completo duró una hora y 45 minutos.

At 11:30 a.m., the biplane skimmed the channel surface smoothly but as it settled into the water, the coral did its damage, gashing a gaping hole into one of the pontoons. But they were down and they were safe!

And they had done what they had come to do – Robert Fowler had flown the first non-stop coast-to-coast airplane flight and Ray Duhem had filmed the first aerial motion picture of the Panama Canal. The entire flight lasted one hour and 45 minutes.

Los dos hombres vadearon a tierra firme entre los cayucos llenos de observadores curiosos que salieron a ver el avión.

Y aunque nadie le prestó mucha atención a sus logros de ese día, las fuerzas armadas de EEUU sí lo tomaron en cuenta - el Canal, después de todo, contaba con fortificaciones militares. Y el coronel Goethals quería saber exactamente lo que había filmado. Fowler y Duhem no lo sabrían hasta revelar las películas y se comprometieron a enviar las imágenes a Washington para su revisión.

Both men waded ashore amongst the several *cayucos* filled with curious observers who came out to see the aircraft.

And though no one paid much attention to their achievements that day, the US military did – the Canal, after all, contained military fortifications. And Colonel Goethals wanted to know just what they had filmed. Fowler and Duhem wouldn't know until the films were developed and promised to submit the footage to Washington for their review.

Pero el vuelo asustó a las fuerzas armadas. Si uno pudiera volar sobre el Canal y filmar las fortificaciones, entonces cualquiera pudiera hacerlo.

A pesar de que aún no había comenzado la Primera Guerra Mundial, conocida como la Gran Guerra, soplaban vientos de guerra en Europa y el Canal necesitaría un sistema de defensa aérea para patrullar la Zona. Así que el 7 de agosto de 1913, el Presidente Woodrow Wilson firmó una orden ejecutiva que prohibía los vuelos subsiguientes sobre el Canal de Panamá sin el consentimiento por escrito del gobierno de los EE.UU. La violación llevaba consigo una multa de $1000 y un año de prisión.

But the flight made the military nervous. If one could fly over the Canal and film the fortifications, then anyone could.

Though World War I, then known as the Great War, had not yet begun; there were winds of war in Europe, and the Canal would need an air defense system to patrol the Zone. So by August 7, 1913, President Woodrow Wilson signed an Executive Order that forbade any subsequent flights over the Panama Canal without written consent of the US government. Violation carried with it a $1000 fine and a year in prison.

Cuando Robert Fowler y Ray Duhem regresaron a San Francisco, crearon una producción titulada *Panamá y el Canal desde un avión* y realizaron presentaciones de esta obra extraordinaria en todo el país.

En junio de 1914, la revista *Sunset* publicó un artículo con fotografías sobre el vuelo titulado *¿Se puede destruir el Canal de Panamá desde el aire?* y esto atrajo la atención nacional a todo el esfuerzo. En julio, Robert Fowler, Ray Duhem, el editor de la revista y el autor del artículo fueron arrestados y acusados de violación de una ley federal promulgada el 3 de marzo 1911, que declaraba que era un crimen revelar cualquier mapa, fotografía u otra información militar a cualquier persona que no fuera el Departamento de Guerra de EE.UU.

When Robert Fowler and Ray Duhem returned to San Francisco, they created a production called *Panama and the Canal from an Aeroplane* and gave presentations of this extraordinary feat across the country.

In June 1914, the *Sunset Magazine* published an article with photographs about the flight entitled *Can the Panama Canal be Destroyed from the Air?* and this brought national attention to the whole endeavor. By July, Robert Fowler, Ray Duhem, the magazine editor and the author of the article were arrested and charged with violation of a federal statute enacted March 3, 1911, that stated it was a crime to release any maps, photographs or other military information to anyone except the US War Department.

Dos semanas después de que Europa se sumergió en la guerra, el Canal de Panamá abrió sus puertas al mundo. Era el 15 de agosto de 1914, más de un año después del vuelo de Fowler, pero el caso contra los cuatro hombres se prolongó por un año más hasta que fue declarado nulo por la corte por falta de pruebas.

Robert Fowler siguió trabajando en la aviación, la construcción y el diseño de aviones y fijó el ritmo de su generación y de los que vendrían.

Ray Duhem, un pionero en la industria cinematográfica, también dejó su huella en el mundo de las artes visuales con sus caricaturas animadas.

Aunque no recibieron el reconocimiento que merecían, sin duda cambiaron el curso de la historia.

Two weeks after Europe plunged into war, the Panama Canal opened its doors to the world. It was August 15, 1914, more than a year after Fowler's flight, but the case against the four men dragged on for another year until it was thrown out of court for lack of evidence.

Robert Fowler continued to work in aviation, building and designing aircraft and setting the pace for his generation and those yet to come.

Ray Duhem, a pioneer in the motion picture industry, made his mark in the world of visual arts with his animated cartoons as well.

Though neither received the recognition they deserved, they certainly changed the course of history.

El biplano Tractor Fowler-Gage

Fecha: 1912-1915
País de origen: Estados Unidos de América

Dimensiones:
Envergadura: 13,1 m
Longitud: 7,6 m
Altura: 4,6 m
Peso: 363 kg, sin motor

Materiales:
Fuselaje: revestimiento de madera: Tela

Descripción física:
Biplano Tractor con un motor Curtiss OX-5 V-8 de 90 caballos. Fuselaje de marco abierto. Tren de aterrizaje de doble rueda con calzos de madera sobresaliendo hacia delante. Acabado natural con marcas negras.

The Fowler-Gage Tractor biplane

Date: 1912-1915
Country of Origin: United States of America

Dimensions:
Wingspan: 43 ft
Length: 25 ft
Height: 15 ft
Weight: 800 lb, without engine

Materials:
Airframe: Wood Covering: Fabric

Physical Description:
Tractor biplane with one 90-horsepower Curtiss OX-5 V-8 engine. Open-frame fuselage. Double-wheel landing gear with forward protruding landing skids. Natural finish overall with black markings.

Desde que tuvo uso de razón John siempre le ha encantado el dibujo y hasta el día de hoy no suelta el lápiz. Su aspiración más grande en la vida es alcanzar el éxito en el mundo creativo. Se ha desempeñado como director de arte y diseño en varios proyectos tales como murales para restaurantes, diseño de portada, mueble conceptual y un sin número de diseños para clientes privados. John nació y actualmente reside en Houston, Tejas, EEUU.

John has always loved to draw ever since he could pick up a pencil and has yet to put it down. Being successful in the art world is his major aspiration in life. He has been involved in art/design direction for many projects in the past including mural work for restaurants, book cover design, concept furniture, and a myriad of designs for private clients. John was born and currently resides in Houston, Texas, USA.

44

Pat es oriunda de Abbeville, Luisiana, EEUU, donde reinan los pantanos y los bayous; pero es en Panamá, el paraíso tropical, donde vive con su esposo. Pat voló por primera vez cuando tenía ocho años y volar en su Cessna 140A es su modo de transporte favorito.

Pat is a native of Abbeville, Louisiana, USA, where swamps and bayous reign; but it is in Panama, the tropical paradise, where she lives with her husband. Pat flew for the first time when she was eight years old, and flying in their Cessna 140A is her preferred mode of travel.

Piggy Press Books
www.piggypress.com

El Gage-McClay Tractor Biplano de Robert G. Fowler, conocido como el Fowler-Gage en reconocimiento a su propietario y piloto, se puede ver en el Steven F. Udvar-Hazy Center, cerca del aeropuerto internacional de Washington Dulles, una extensión del Museo Smithsonian del Aire y Espacio. También puede leer más sobre este famoso avión en www.nasm.si.edu/exhibitions/uhc/es_pre-1920_aviation.cfm.

Si desea ver parte de la película histórica de Ray Duhem, visite www.archive.org/details/Panamaby1914.

Para mayor información sobre las hazañas de Robert Fowler:
El registro del Canal, Vol. VI. No. 36, miércoles, 30 de abril, 1913.
The Life and Times of Robert G. Fowler by Maria Schell Burden, Borden Publishing, 1999.
Compendio de historia aeronautica en Panamá por Capitán Julius Grigore, Jr., USN, Retirado, mayo 1999.

Robert G. Fowler's Gage-McClay Tractor Biplane, referred to as the Fowler-Gage in recognition of its owner and pilot, can be seen at the Steven F. Udvar-Hazy Center near Washington Dulles International Airport, an extension of the Smithsonian Air and Space Museum. You can also read more about this famous aircraft at www.nasm.si.edu/exhibitions/uhc/es_pre-1920_aviation.cfm.

If you would like to see part of Ray Duhem's historic film, log onto www.archive.org/details/Panamaby1914.

For further reading about Robert Fowler's exploits:
The Canal Record, Vol. VI. No. 36, Wednesday, April 30, 1913.
The Life and Times of Robert G. Fowler by Maria Schell Burden, Borden Publishing, 1999.
Compilation of Aviation History in Panama by Captain Julius Grigore, Jr., USN, Retired, May 1999.

www.ingramcontent.com/pod-product-compliance
Lightning Source LLC
Chambersburg PA
CBHW042000100426

42813CB00019B/2944